了不起的中国古代科技与发明

马钧

改进龙骨水车

KaDa故事 主编

猫十三 著　陈伟工作室 绘

史晓雷 审校

化学工业出版社

·北京·

图书在版编目（CIP）数据

马钧：改进龙骨水车 / KaDa故事主编；猫十三著；
陈伟工作室绘. -- 北京：化学工业出版社，2024.1
（了不起的中国古代科技与发明）
ISBN 978-7-122-44496-7

Ⅰ. ①马… Ⅱ. ①K…②猫…③陈… Ⅲ. ①马钧—
生平事迹—少儿读物 Ⅳ. ①K826.16-49

中国国家版本馆CIP数据核字（2023）第225743号

责任编辑：刘莉珺　　　　　　　　装帧设计：史利平
责任校对：宋　夏

出版发行：化学工业出版社
　　　　　（北京市东城区青年湖南街13号　邮政编码100011）
印　　装：北京宝隆世纪印刷有限公司
880mm×1230mm　1/12　印张 3$\frac{1}{2}$　字数50千字
2025年1月北京第1版第1次印刷

购书咨询：010-64518888　　　　售后服务：010-64518899
网　　址：http://www.cip.com.cn
凡购买本书，如有缺损质量问题，本社销售中心负责调换。

定　　价：39.80元　　　　　　　　版权所有　违者必究

在没有抽水机的一千多年前，人们是怎么灌溉农田的呢？什么工具能将河堤里的水，运到高高的梯田里呢？聪明的古人就发明了一种有趣的工具——龙骨水车，经过不断改造，基本解决了农田灌溉问题。那你知道是谁改进了龙骨水车吗？

中国古代的灌溉工具

桔槔

将一根长杆子的中部架在一个支点上。取水时，将挂水桶的一头向下拉，桶落入井中，装满水后轻轻往上提，另一头的石头就会向下压，这样不费很大力气便可以把桶吊起来。

翻车的改进者

马钧，字德衡，是三国时期曹魏精于机械制造的发明家。他从小口吃，嘴皮子虽然不太利索，却有一双巧手，农业、手工业、军事甚至游艺方面都有他的发明创造，简直是机械发明天才。除了改进龙骨水车，马钧还改进了提花织机，复原了指南车，制作了水转百戏，在机械制造方面的成就非常高。

筒车

筒车的外形像一个巨大的车轮，周围系着许多竹筒。水流冲击水轮转动，装满水的竹筒就会将水从河里运上来，再在筒车顶部一侧放置一个水槽，水就可以输送到田里了。

辘轳

在井边竖立两根"X"形树枝，将装有一根曲柄的轮轴固定在树枝上，轮轴上缠上绳子，拴住水桶。取水时，将桶吊入井中，灌满水后手摇曲柄，就可以把桶吊上来。

龙骨水车

也叫翻车，最初是由东汉时期的毕岚发明，三国时期的马钧心灵手巧，将翻车改进成从低处往高处汲水的工具，为农业灌溉带来了便利。

龙骨水车最开始是干什么用的？

其实，龙骨水车一开始叫作"翻车"，是做道路洒水用的。经过三国时期的马钧改进之后，变成了一种给农田浇水的机械，有手摇和脚踏等形式。马钧发明的翻车很有可能是手摇式翻车。

我这就来！

锸：掘土用的工具，可以起土、穿土、培土。

提不动就给娘提吧

没事，娘，我可以的

都说穷人的孩子早当家，马钧就是个穷人家的孩子。

他小时候有些结巴，不爱跟别人玩，老喜欢鼓捣些发明创造。

我有巧手！

成年后，有一天他看到邻居罗大嫂织布很辛苦，他灵机一动发明了一种新型提花织机。

有了新织机，不仅织布时间变短，花色也更漂亮，罗大嫂高兴极了。

新型提花织机的事儿都飘到了当时魏国的皇帝——魏明帝的耳朵里。

魏明帝听说马钧能发明出好玩的东西，就把他叫到都城洛阳，还封了他个小官。

改进龙骨水车

龙骨水车一般在什么时候用？

如果你生活在北方，可能会觉得龙骨水车是运水的，肯定是在春天或夏天，需要给庄稼浇水的时候用啦。其实，龙骨水车在南方地区使用更加广泛，而南方的农田一年四季都在耕种，所以水车的使用并不怎么分季节。只是春夏的时候雨水更多，水车也用得更多一些。

犁铧（lí huá）：用于翻耕土地、松动土壤和开沟起土的一种农具。使用时，需要用耕牛在前面牵引，人在后面控制方向。

一日，朝堂之上，骠骑将军秦朗上奏道："陛下，我军中了敌军的埋伏，损失惨重……"

"怎么这么笨？让人埋伏了，不会跑吗？！"

啊?!

秦朗埋头说道："陛下，最近连日阴雨，战场上方向难辨啊……"

我也没办法！

"古书上记载有一种指南车，阴天也能指南。咱们要是也有这种车就好了。"

咳……

常侍高堂隆上前一步道："古书上的指南车早已失传多年。别说有了，就是见上一见，也难于上青天啊！"

难啊！

秦朗也附和道："是呀是呀，臣也从未听说过有谁带着指南车来打仗的。"

他说得对！

改进龙骨水车

手摇式龙骨水车有哪些优点和缺点？

手摇式龙骨水车因为体积小，十分轻便灵活，儿童也可以使用，而且想把它搬起来换个地方很容易。但也正因为这种水车的体积很小，加上是手动，力量不够，造成了它运送的水量不会很多。

一眨眼都过去一上午了。

是，爹……

看你插得乱七八糟，还是我来吧。

是啊是啊，真不赖。

这脚踏的运水比手摇的多不少呢。

插秧的注意事项: 秧苗插入泥中时，深浅疏密要适中，尽量整齐成列插直，不能歪倒。

8

耧（lóu）车:播种用的农具,由牲畜牵引,后面有人扶着,可以同时完成开沟和下种两项工作。

朝堂上陷入了一片寂静。

马钧便小心翼翼道:"陛……陛下,古人既然把指南车写、写在了书上,就说明这东西确、确实存在……"

肯定有!

秦朗嘲讽道:"哟,想不到马先生竟能把牛皮吹得这么响。听先生这意思,是见过指南车的了?"

吹牛吧你!

马钧见秦朗挤对自己,紧张得说话更结巴了:"我我我……我不会说大话,指南车并没有……"

没没没……

秦朗讥笑着插嘴道:"没有您在这儿说个什么劲儿呢?"

没有还说啥?

"没有什么深奥的!"马钧憋得满脸通红,终于挤出一句话来。

急死我了!

9

脚踏式龙骨水车有哪些好处和缺点？

与手摇式龙骨水车刚好相反，脚踏式水车靠腿部的力量来驱动，动力明显比手摇式的要强，这样就可以把水车做得更大，从而运送更多的水。但也正因为它体积大，所以不容易移动，而且水车上面的支架很高，儿童使用起来也不太方便了。

高堂隆撇嘴道："马先生研究过？传闻您心灵手巧，不过这指南车是可不比绣花啊！"

"马先生名钧字德衡，'钧'是器物的模范，'衡'可判定事物的轻重。"秦朗笑了笑，"您说话连轻重都分不清，还谈啥模范呢！"

"哎呀，好了！别吵了！"魏明帝不耐烦地摆摆手，"既然如此，那就交给马先生来研究吧。"

魏明帝伸出一根手指头："一个月，请马先生拿出一辆指南车来。"

秦、高两人见苦差事落在马钧头上，不禁露出幸灾乐祸的表情。

马钧却恭敬地朝魏明帝鞠了一躬，看也没看秦、高两人一眼，扭头就走了。

11

如果农田有很多层怎么办？

改进龙骨水车

由于南方部分地区为丘陵，平原很少，所以有的农田地势很高，还分好多层，就算是用龙骨水车，也不能只用一个车照顾到所有的田。这个时候，人们就可以用多个龙骨水车，把水从第一层运到第二层，从第二层运到第三层……分级向上运水。这就叫龙骨水车的"分级运送"。

一个月转眼就到。这天，秦朗和高堂隆一早跑到朝堂上，准备看马钧的笑话。

然而，秦朗的笑声还没落，便有声音忽然从朝堂外传来。

高堂隆哼了一声道："我就不信，他能造出从来没人见过的指南车。"

只见马钧推着一架小车，车上似乎还立着一个木制的小人儿，抬着手指向南方。

秦朗也哈哈大笑："就听他吹牛吧！这么久了都没动静，怕是不敢露面了！"

"啧，这个马钧该不会真……"

你知道丘陵地区的农田叫什么吗？ 丘陵地区的农田大多为梯田，它们沿着丘陵向上，形状很像条状的台阶。这种形状的农田可以有效防止坡耕地的水土流失，蓄水、保土、增产的作用也十分显著。

储水池：使用龙骨水车分级向高处运送水时，需要在固定地点挖出一个储水池来储存运上来的水，储水池也可延伸沟渠到高度相当的农田中，进行灌溉。

改进龙骨水车

还有一种"脚踏式"龙骨水车

脚踏式龙骨水车跟手摇式龙骨水车的运作原理是一样的，只不过操作的方式从用手摇变成了用脚踏。这种水车在上端龙头轴的部分有一个支架，支架下有两副踏板。使用时，人手扶着支架，脚踩在踏板上，带动龙头轴转动，把水从下面"刮"上来。

蝗灾：大群蝗虫所过之处，草木和庄稼会被啃食干净，农作物完全遭到破坏。

高堂隆话未说完，魏明帝不知什么时候出现在二人身后。

他兴奋地一拍大腿："没想到这指南车还真让他给做出来了，有赏！"

哎哟喂！马先生真行哎！

秦朗连忙拦住魏明帝："指南车如此绝妙，哪是一个月时间就能仿制出来的？搞不好不管用呢！"

且慢！

说话间，马钧已经推着车进了朝堂。没等停稳，秦朗就夺过车子说："哼，让我先来试试！"

南指？乱指？

他来回掉转车子，想要拆穿马钧。然而无论车子朝向哪边，车上小人儿的手始终指向南方。

魏明帝大喜道："马先生太神啦！居然能让指南车重新现世，城东的别院就送给先生吧。"

今年蝗虫多，你看这秧苗……

家里米不够吃了，唉……

我家有，晚上去我家拿。

唉，都叫它们吃了，我们吃什么呀。

哥，放这么多青蛙做什么？

青蛙能吃害虫，比自己抓省劲。

这也太多了，抓不过来啊。

改进龙骨水车

龙骨水车靠什么把水运送到高处？（1）

　　龙骨水车有一条长长的水槽，叫"汲水车厢"。这是水从低处运往高处的通道，按照需要的不同，长度在3~6米不等，宽度在25~35厘米。

来，给我，慢点啊。

爹爹，看我挖的藕！

真重啊！

　　魏明帝赏赐的别院环境十分清幽，院子里种着绿油油的竹子和红艳艳的月季，好看极了。

　　马钧发现院中有一片园子正荒着。他俸禄不多，便想着自己种菜吃，还能省点买菜的钱。

　　于是他找来农具，耕地、播种、浇水，没过多久，园子里就长出了嫩嫩的菜芽。

自己动手吧！

16

是哟！

今年藕的收成还不错。

这怎么割不动？

给你这个，这个快。

别院建在一座小山上，地势很高，山下有一条小河缓缓流过。哗啦啦的水声清脆悦耳。

马钧从山下往别院里挑水，一桶桶地浇着地。然而，秦朗却悄悄进了别院的门。

他一直想找个机会，让马钧出丑。而当他看见马钧挑水时，忽然意识到：机会来了！

龙骨水车靠什么把水运送到高处？（2）

水车的汲水车厢内有一排刮水板，与车厢的宽度一样，只是高度略低于车厢的两壁。刮水板把车厢分成一格一格的，水就在那些小格子里被运到山上。

庄稼脱粒： 从田里收获来的庄稼，需要进行脱粒处理。先将带着谷穗的庄稼均匀铺在平地上，然后将庄稼粒从秸秆上脱下来。

是呀。

彩霞，你也来洗衣服呀？

马钧挑着两桶水，眼皮抬也不抬地往前走。秦朗来到他面前，悄悄伸出一只脚。

悄悄得

咣当——哗啦——"哎哟！"马钧被秦朗的脚绊倒，摔了个大马趴。

咣当! 哎哟!

秦朗假装抱歉地弯下腰："对不起啊马先生！都怪我没看见您挑水走过来。"

没见你呀！

他嘴上说着抱歉，手上却丝毫没有要扶起马钧的意思："不过，您怎么还自己挑水浇地啊？"

马钧坐在地上，抹了一把脸上的水珠子，这才看清是秦朗又来找麻烦，不禁大怒。

怒火中烧

"自己能做的事……事情，我自己做！用不着麻烦别……别人！"

用不着！

权：一种用来翻动秸秆、柴草等的农具，一端有两个以上较长的弯齿，一端为长柄。

龙骨水车靠什么把水运送到高处？（3）

那么，这些装水的"小格子"是怎么往上走的呢？答案就在龙骨水车的两端。水车的上下两端各有一个"龙头轴"，一条串联着刮水板的链子就绕在这两个轴上。位于上方的龙头轴上还有一个手摇柄。

真好玩！

哎呀，我刚扫了这边，你又去弄那边。

又来偷吃，去去去！

晒谷注意事项 晒谷时，需要隔一段时间用耙子翻动谷粒，使谷粒被充分暴晒，暴晒几天才可以将谷粒彻底晒干。

太阳出来暖
洋洋——

手摇柄

秦朗嘲笑般地鼓鼓掌："马先生说得好啊！不过，您俸禄低，我借您点钱请两个仆人吧！"

有骨气！

马钧啐了一口，道："哼，君子不受嗟……嗟来之食！我……我才不用你可怜！"

呸！

秦朗大笑道："既然如此，怎么不用您神仙一样的手，招呼水自己跑上来呢？岂不是更能体现您的高明？"

"自己跑上来？"马钧眼睛一亮，似乎想到了什么主意，"自己跑上来……自己跑上来……是啊……"

哎，对呀！

秦朗见马钧失神，还以为他被自己刺激到了。"马先生，改日，我带人来帮您挑水！"

这人傻了吧

马钧却没搭理秦朗，依然坐在地上喃喃自语，脑海里一架极巧极妙的机械逐渐显现出了轮廓。

21

龙骨水车靠什么把水运送到高处？（4）

当人们需要把水从低处传送上来时，就转动手摇柄，手摇柄连动龙头轴一起转动，牵拉串联着刮水板的链子向上移动，水就这样一格一格地被刮到上面来啦。

进来歇歇吧？

嗯，今年的税交够了。

嘿嘿，今年青蛙也都吃饱啦。

亏他能想出用青蛙吃虫子的办法。

可不是嘛，还是老张脑子活。

给我称五斤。

作物籽粒怎么去壳？ 作物脱粒后表面的壳用手是很难剥下来的，这时候就要用到一个叫作"碓（duì）"的工具。它是用柱子架起一根木杠，杠的一头装着一块圆形的石头。用脚连续踏动杠的另一端，石头就会连续起落，砸掉下面石臼中作物籽粒的壳。

过了几日，秦朗带着家丁和水桶水缸，还叫上了几位官员，一行人浩浩荡荡，跑到马钧家里来瞧热闹。

他想让天下人都知道马钧居然穷到这个份儿上，要同僚出人帮忙挑水浇地。

然而，几十号人刚走到马钧家门口，听见里面传来咯吱咯吱的声音，还伴着小孩银铃般的笑声。

笑啥呢？

秦朗丈二和尚摸不着头脑。

这是怎么回事？

"怎么几日不见，马结巴不种地，开始哄孩子玩了？"

哄孩子呢？

等一行人进了院子，顿时被眼前的景象惊得目瞪口呆。

一架龙骨水车可以一直用吗？

当然是不行的。龙骨水车是用木头打制的，因为常年在田间地头运水，木头长时间泡在水里难免要开裂变形。所以，人们会挑农闲的时候把水车从田里拿回家进行修补，把不能用的零件替换掉。

烧荒时应有人看护，防止火灾意外的发生。

烧荒的危害：烧荒是一种垦荒方法，会造成严重的空气污染。

阳光这样聚起来就能把草点着。

小宝快跑！

烧荒：烧荒的目的有两种，一种是将草木烧成灰，从而改变土地的酸碱度，增加土壤的肥力；另一种是为了扩大农田面积，将荒田上的草木烧光，露出土地用于耕种。但是盲目开垦荒田，容易造成环境污染和火灾。

阳燧：类似凹面镜，通过反射太阳光点燃干草等。

只见菜园子边缘，架着一个木制的槽子。槽子里的木板向前刮着，将水一股股刮进菜地里。

槽子的一端有个轮子，两个小孩正站在轮子后边，一边大笑，一边前后摇动手中的两个把手。

轮子缓缓旋转，水光在轮子上闪耀着，如同刚刚开蚌的珍珠。

哗哗

哈哈哈哈

"噢！这不是秦……秦将军嘛！"马钧咧开嘴，"您是来帮我挑……挑水的？不用啦，我按您说的，已经让水自……自己跑上来啦！"

秦朗不敢相信，几步跨到槽子旁边往山下望。只见木槽子很长，一直延伸到下面的小河里。

河里的水被轮番向上爬的木板刮上来，还真像是水自己跑上来似的。

马钧还有哪些贡献？

说起来，马钧还改进了提花织机。普通的织机只能织出一种颜色的布，而提花织机，可以在织布的过程中，直接把花纹织到布上。只是提花织机操作起来比较麻烦，织一匹花布需要很长的时间。马钧对织机做了一些改进，可以让它使用起来更容易，并且织出来的布也跟原来一样好看。

"六畜"包括哪些动物？ "六畜"指的是马、牛、羊、猪、犬、鸡，是人类最早驯化的一批动物。马可以运输货物，牛可以耕地，羊一般在祭祀时作为祭礼，猪在宴请宾客时食用，狗可以看家护院，鸡则可以报晓。

快进来坐。

徐嫂，六畜兴旺呀！

娘也不会做呀。

娘，我也想要小木马。

这回轮到秦朗结巴了："马……马先生，您是怎么想到……"

"这是您提醒我的呀！"马钧嘿嘿地笑着，"我不会法……法术，没法让水真的自己跑上来。"

多亏你啊！

"不过，我想到前人的发明，做了这个翻车。只要摇动这个刮……刮板，水就刮上来啦！"

身后那些被秦朗叫来看笑话的文武百官，见到这么个神奇的灌溉农具，纷纷赞叹起来。

不简单·

"马先生真厉害啊！""可不是嘛，怪不得陛下那么器重他！"

秦朗听见大家称赞马钧，连忙带着家丁和匠人，灰头土脸地逃走了。

马钧的其他有趣发明——指南车

指南车是用木头做的，总体上由两个轮子、扶手、车架、小木人和藏有机关的暗箱组成，表面还有一些鸟、龟、仙草等装饰。指南车的内部有一套齿轮系统，可以保证无论指南车朝着哪个方向，车上的小木人的手始终指向南方，可以帮助军队在看不清路的雨雪大雾等天气里辨别方向。

几百年后，马钧改进的翻车开始在农业生产中渐渐普及。

从地势低的地方往高的地方运水，再也不是一件费力的事。

后来，人们又制造出更加便捷省力的脚踏翻车。这样，哼着歌、聊着闲话的工夫，就把水灌进田里了。

灌溉方式有哪些? 除了接引河水之外,在缺少地表水的地方,人们会挖掘池塘来蓄水,干旱少雨的时候可以将池塘里的水引到农田里。另外,人们也会打井取水,利用地下水来灌溉农田。

因为翻车的造型很长,中间一节一节,很像是龙的骨架……

又因为龙是降雨管水的神兽,可以自由操控水势,所以后人又把翻车称为"龙骨水车"。

直到今天,龙骨水车因为造价不高,使用方便,依然存在于广大农村地区,造福着无数农民。

29

翻车的演变

中国科学院自然科学史研究所原副研究员 科技史博士　史晓雷

　　无论古代还是现代，人们都运用智慧，借助外力，将水引入农田，用于灌溉。在电力被广泛应用之前，人们靠机械的动力来引水。古代沿用已久的翻车，最早由汉代的毕岚发明，到了三国时期，经过马钧改进，早期是通过人力操作——手摇或脚踏；到了南宋，出现了畜力翻车——一般是用牛力，还有风力翻车——利用自然风，但风力翻车多用在沿海地区。元代王祯在《农书》中记载了一种水力转动的翻车，但后来极少使用。

脚踏翻车

牛力翻车

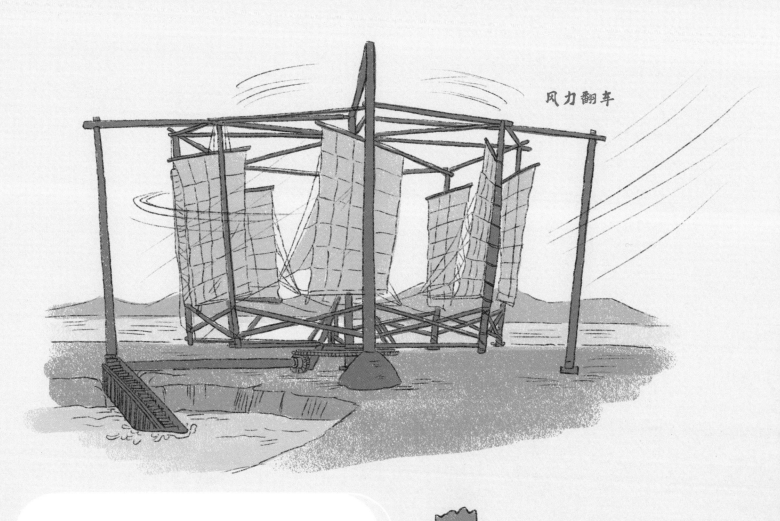

风力翻车

现代最常用的离心式抽水机（离心泵）是19世纪发明的，原理是叶轮转动带动水获得离心力，水被提升到高处。抽水机用电动机驱动叶轮转动，把水通过出水管甩出去，从而在泵壳内形成低压区，大气压再把低处的水通过进水管压到泵壳，循环往复。

离心式抽水机

小小发明家实验室

正因为有了龙骨水车，农民伯伯们不用挑水，直接就能把水从低处引到高处，真是引水灌溉的好帮手！不过，想要手工DIY一个龙骨水车也是难为人了，那还有什么方法能把水从一处引到另一处呢？今天的实验，将带大家一起体验虹吸现象，利用管道和压力运送水流，比龙骨水车还要神奇哟！

准备材料：三种颜色的颜料、三根吸管、十个塑料纸杯、剪刀、胶水。

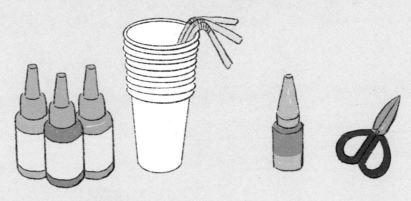

第一步：先用剪刀，在杯子中间的地方戳一个小洞，三个杯子都这样戳。

第二步：把吸管插入小洞内，注意是短的那一头插进去哦。

第三步： 用胶水把吸管和小洞之间的缝隙粘住，三个杯子都这样粘好。一定要全都粘死哟，不然一会儿会漏水哟。

第四步： 将杯子阶梯式叠起来，三个带吸管的杯子在上面，吸管依次落入下面的杯子里，最下面留一个空杯子。

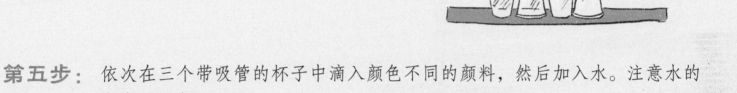

第五步： 依次在三个带吸管的杯子中滴入颜色不同的颜料，然后加入水。注意水的高度不要高于小洞。

第六步： 往最高处的杯子里倒水，当液面高度高于小洞时，你会发现，水会沿着吸管流到下面的杯子里，即使液面高度已经低于小洞，吸管依然会把水吸入下一个杯子中。是不是很神奇呀？